TERÄNKEITTÄJÄ

TERÄNKEITTÄJÄ

RUNOJA

Teuvo Matala

© 2024 Teuvo Matala

Taitto: Juha Pankasalo

Kannen piirros: Teuvo Matala

Kansi & kuvitus: Tea Tauriainen

Kustantaja: BoD · Books on Demand GmbH, Helsinki, Suomi

Kirjapaino: Libri Plureos GmbH, Hampuri, Saksa

ISBN: 978-952-80-8399-3

SISÄLLYS

Kapteeni Uni 9

Virran vieraat 13

Laulava kala 17

Kuutamolle 21

Matka 25

Jouluyö 29

Kanssasi 33

Hiisinä piisissä 37

Veljekset 41

Hiuksesi ovat seikkailu 45

Kadonnut 47

Tyhjän ajan kulua 51

Aitta 55

Yötön yö 59

Mäen viisain 63

Etuilijat 67

Vilpitön viestintuoja 69

Me tulemme varjoista 71

Jonakin päivänä 75

Suden löyhkä 79

Mielityinen 83

Bona Fide 87

Kipu 91

Ystävä 95

Huolija 99

Vävyn veisu 103

Miehen sana 107

Taika-apaja 111

Kaksi maailman kovinta cowboyta 115

Sumuisen taipaleen erakko 117

Tuomarit 123

Oman elämän sankari 127

Totuuden takoja 131

Minä olen käki 135

Mies suolla 139

Levoton 143

Valkoinen ratsastaja 145

Aiempi sielu 149

Kelmin kestit 153

Tarina vieraasta 157

On tullut aavoille yö 161

Juhla-aterialla 165

Kaatunut poika 169

Ikäinen 173

Kylähullu 177

Puustahuutaja 181

Viimeinen iltatähti 183

Häät 187

Puuhevonen 191

Kuvittaja 197

Joki ei poikaansa unohda 201

Kaivo 205

Rakkaalleni 209

Kapteeni Uni

Tänä yönä oudosti ontuva kapteeni
astuu kajuuttaan.

Laiva nukkuu satamassa
korutonta koiranunta.
Hauraana, vaivoissaan huojuu.

Tuulista tietämättömistä
purret tummiksi talttuneina.
Ruuma tyhjälle tuoksuu.

Ja rotat ovat jo lähteneet
ennen kuin laiva irtoaa.
Tänä yönä oudosti ontuva kapteeni
astuu kajuuttaan.

Haurailla harteillaan
papukaija korpinmusta
vaiti vain isäntäänsä tukee
ja vieraita värssyjä hokee.

Laiva lähtee satamasta.
Tuuman irtoo itkuisena.
Aavaa ei nää, eikä tahtois'.

Pimeys peittää kaikkialla.
Tähtiin asti, meren verran.
Vaikertaa virsiä laudoiss'.

Ja lyhdyt ovat kai uupuneet,
kun ei näy yhtään saattajaa.
Tänä yönä miehistö pakkaa ja viikkailee
mielikuviaan.

Kaiheissa katseissa
ajatus on toive turha.
Toimia vain hetkisen jaksaa.
Kun kapteeni Uni sen maksaa.

VIRRAN VIERAAT

Kuulas taivas vei taas savun nuotion,
kuten iät ja ajat sen vaatinut on.

"Tähdestä vähän ja kaksi vaaksaa kuusta"
oli kulkijan suunta. Eipä välittänyt muusta.
Kauniin sees oli koski, vaikka pauhusi valkeet.
Hellää rytmiä luonnon toisti elämän palkeet.

Väistyi yllättäin vesi, vaikk' oli painava muuri.
Tuli syvästä joen jokin tulvahdus suuri!
Koski nousi ja nöyrtyi taas alemmaks'.
Oli rannalle tullut vesipetoja kaks'!

Miten selittää näky niin outo, niin kumma?
Niistä toinen oli vaalea, toinen oli tumma.
Hetkess' rannalle kyhäs ne kotoisan pihan.
Ja mukanaan toivat myös tulen ja lihan!

Eipä tohtinut kulkija jututtaa,
kuulla kummaa ja uuttakin sanomaa.
Täris' puskassa piilossa, mennyt ei mukaan.
"Jos paistavat mut, niin ei löydä mua kukaan."

Ilmaa nuuhkaisi tumma, katsoi puskia päin.
Ja tuijotti kuin sormea heristäin.
Kuulas taivas vei taas savun nuotion,
kuten iät ja ajat sen vaatinut on.

Sitten taas kävi koski ja pois oli vieraat!
Muisti hetkistä tuota vain kuohujen nietaat.
Katsoi rannalla kulkija kummissaan.
"Heitä oliko konsaan ollenkaan?"

LAULAVA KALA

Kätköissä pysy ei valhe ei sala.
Kerro aistiesi summa, laulava kala.

Tämä runo on kaivettu unen luota,
viimoista toruvan painajaisen.
Taiteltu totuuksista. Vuoltu
kerrotuista kujehista.
Opeteltu valheettomista,
koruttumista sanonnoista.
Mietitty monista kätketyistä aattehista.

Vieritetty tietojen viereen.
Todettu lauluista sanomattomista,
voimalla sorretun säkeen.
Kätköissä pysy ei valhe ei sala.
Kerro aistiesi summa, laulava kala.

Muistatko sen miehen joka mudaksi muuttui,
joka rannalta tuli ja koskehen juuttui?
Tiesikö Viejän vierellä hän
nimensä toisten mielissä säilyvän?
Viettikö aikaa hän keralla mun,
kun virtasi kalma läpi tuomitun?

Tunsiko kylmyyttä itkevä lapsi,
mi tunsi kun elo kävi kauemmaksi?
Kauanko sieluni sairas rannalla kulkee,
mietien josko ystäväin vierellein nousee?

Miksi elon kauneus on toisilta salattava?
Miksi kaikki on näin, laulava kala?

Mitä myrkkyä tuo päivä joikaan,
sen muisto kai kuole ei koskaan.
Sen tuulesta kertovat kyyneleet
ja elottomasta koskien veet.
Kuka kirjoitti tuolloin kirjoihin,
että aika on tullut lohduttomin?

Silti huomiseen parempaan on luotettava.
Tulevan tietää vain laulava kala.

KUUTAMOLLE

Käyskennellä lailla noiden
outojen unien ukkojen
ja nuotiolle istahtaa.

Mitä aurinko ajattelee,
kesäkuuksi yö kun valkenee?
Ruoho nukkuu mullassaan
ja kaski odottaa polttajaa.

Mitä hallakin ajattelee?
Juhannuksena esiin astelee.
Virran kylmäksi silittää
ja nostaa viimaa viileää.

Minä tahdon tulla sinun matkaan,
nousta usvana kulkemaan,
rantoihin hiljaa sukeltaa.

Minä tahdon taittaa palan matkaa,
viekkaana ilmana ujeltaa,
hahmona haamun askeltaa.

Mitä onkija ajattelee?
Marraskuussa virrat vaikenee.
Kristallipeittoon kirkkaimpaan
käy haltija vetten nukkumaan.

Mikä mielen usuttaa,
kun kuura kuultaa hangillaan?
Yöksi kun silmät suljetaan
käy nietosten asukit luolistaan.

Minä tahdon nauraa heidän kanssaan,
viekkaita viisaita jututtaa.
Valossa kuutamon aika alkaa.

Käyskennellä lailla noiden
outojen unien ukkojen
ja nuotiolle istahtaa.

Mahdilla alaiseen
huurre mukaan huutelee.
Mikä saa miehen nousemaan
ja yöstä hakemaan houreitaan?

Vailla varjoaan
on kuukin noussut leijumaan.
Ääni takaa tajunnan
on unta talven jumalan.

Minä tahdon tulla sinun matkaan,
lähteä kaikuna kulkemaan,
kuiskeena kummut puhaltaa.

Minä tahdon taittaa palan matkaa,
kanssasi hetkisen todistaa,
kun kuutamolla aika alkaa.

Matka

Rakkautta pakenin kätyrin lailla,
vaikka apua olin kuin hukkuva vailla

Lopeta tuomioni, Jumala hyvä.
Poista aivoistain viimeinen elämän jyvä.
Elin keskellä rakkauden paljouden.
Sitä koskaan mä tajunnut, hoksannut en.

Onko paljoutta vain myös ystävät?
He jotka rinnallesi rientävät,
kun on tyhjyyttä tuleva maailmas?
Itse sekoitit jyväsi, akanas.

Tämä minkä teen, se tehdään äkkiä.
Ettei emmi tai murru teon tekijä.
"Ootko uhri vai sankari uskalias?"
"Et kumpaakaan. Uhrina kehossas."

Ja itsellein viimeinen palveluni
on lopettaa aika ja lopettaa uni.
Sen tarinan kertoo kohtalon kassa,
jonka summaa en ole laskemassa.

Rakkautta pakenin kätyrin lailla,
vaikka apua olin kuin hukkuva vailla.
Kylmästä väsäsin turvaisan sopin.
Luulin, turvassa sen yksin elämään opin.

Kunpa kerallain kulkisi edes yksi.
Hänkö tulisi heti taas petetyksi?
Taasko lämmittäis' valo langenneen,
jotta tajuais' vähät hänen välittäneen.

Ensin elon almuja anelin.
Työnsin koskeen kalakaverin.
Ja erämökki mi kahta kaitsi,
näki toisen, jäi toisesta paitsi.

Lähimmäisiä kutsuin mä rinnallein,
vaikka yksin jo matkaa mielessäin tein.
Satamasta monet katsella saivat,
kun jo horisonttia koristivat laivat.

Elämänilo tuli puuskittain.
yhä vähemmän vaatien ajastain.
Elon järvi, mä missä soutelin,
alkoi jäätyä aina jo kesäisin

Aina tiesin, on aikamme rajallinen.
En tajunnut koskaan tuntevani sen.
Vaikka maailman lailla olen jo poissa,
mieli vierailee rakkaimpien kasvoissa.

Eikä jumala varjellut luomustaan.
Liekö koskaan teki mitään ollenkaan?
Olen tässä. Ja tehtäväin ainoa
on poistaa tämä sieluton kulkija.

JOULUYÖ

On ikuisuuttomuuteen pelkkä hento hetkinen.

Taivaankiekon eteen
mustat hiutaleet kun ryhmittyy,
vieno lumisateen
huoku jylinäksi ylistyy.

Rakkaus, rauha saapuu
voimin joulumielilaivueen.
Viattomaan hankeen
syytää pyövelit nyt ulosteen.

Rukoilemme huutaen.
Vaan yksin kuulee pimeys sen.
Näin jouluruoka tarttuu kynsiin valkyyrioiden.

Ukkosmyrskyn lailla
pauhaa taivas ilosanomaa.
Enkelparvi uljas
meidän kohtalon kun ilmoittaa.

Tahtoisimme elää,
vaan yölinnut vaatii uhrejaan.
Lähettivät tänne,
uskovat vain käskynantajaa.

Katveeseen nyt vaieten
jäämme kalmantuojien.
On ikuisuuttomuuteen pelkkä hento
hetkinen.

KANSSASI

Vaan istu ja mietipä tuota.
Tunne itsesi, järkeesi luota!

Mitä tiedämme elämästä?
Mikä estää lähtemästä
ja jättämään kaiken kokonaan?
Vaikeudet mittailkoot toisiaan!

Mitä tiedämme olostamme?
Paljon vettä on. Meillä vain amme,
johon mahduttaa maailman määrä
ja erottaa oikea, väärä.

Turha miettiä liikaa on näitä.
Vaan ei aivoni vastaankaan väitä,
kun murhetta tarjotaan pohtimaan.
Aulis olen surulle kumartamaan.

Liian suuri on meille maailma.
Siksi harhaa on kauemmas katsella,
kuin on ystävän turva ja aate.
Se on nyt, ei vain jatkolle saate.

Luulimme joskus jumalan
meille elämän ikuisen voittavan.
Vaan istu ja mietipä tuota.
Tunne itsesi, järkeesi luota!

Pelkkä tovi täällä me astellaan.
Eikä tuomari julminkaan päättää saa
onko ikuisuus uusia teitä
vaiko kipua, kyyneleitä.

Vaan nyt tauko me yhdessä vietetään.
Antaa maailman mennä itsestään.
Olet itsesi minulle luvaten,
että sinun oon sinuun sulaen.

Ja kuin ilman näköä, mautta
tunnen elämän sinun kautta.
Joten nautitaan juuri tämä hetkinen.
Vasta huomenna kohtaamme eilisen.

HIISINÄ PIISISSÄ

Ja vaikka viltiksi viettelit vannoutuen,

suussasi maistuu huominen.

Kuutamon laitaan, vuoksen viivaan,
kevätjään huomaan huoleni hukkaan.
Kotini veistelin. Sinulle kynnys matala on.
Tervetullut, neiti Tunteeton.

Hän on hiisinä piisissä taas.
Lämpönä sulle, minä palella saan.
Huomen ehtoona miekkonen tuo
pikaristain sinun hellyyttä juo.

Minä olen päre patasi alla.
On liekkini vailla varjelusta.
Kylkiäs kalvaan. Nukahdan kuurnaan.
On uumasi toisen noesta musta.

Hän on hiisinä piisissä taas.
Lämpönä sulle, minä palella saan.
Huomen ehtoona miekkonen tuo
pikaristain sinun hellyyttä juo.

Ja vaikka viltiksi viettelit vannoutuen,
suussasi maistuu huominen.
Loitsuistas kuurona lumoutuen
viisaita valheita kuuntelen!

VELJEKSET

Ja sitten, voi sitten istutaan,
vaikket veli oo, et velipuolikaan.

Ne kalvaa kuin tauti luissa
ja selkien takojain kanteluissa.
Ne ei anna sun mieltäsi kuljettaa.
Siitä hankala siksi on kirjoittaa.

Mielen jos jätät nöyrtymään,
niin Kauna ottaa mielellään
ohjat sun ajattelusta
ja tekee väärän opitusta.

Riitä tämä ei. Menneet se janoaa.
Kohta muistotkin tuhkaksi lakoaa.
Ja kun yöllä sä levolle asetut,
se kertoo sulle muiden juttelut.

Ja koht' sull' on tuttava uus.
On Kaunalla veli: Katkeruus.
Tapaa toinen niin toinen jo porstuassa
lumia kengistään on kopistamassa.

Ja sitten, voi sitten istutaan,
vaikket veli oo, et velipuolikaan.
Anna toivo ja totuus pois heitä.
"Oomme ystäväs, kuuntele meitä."

HIUKSESI OVAT SEIKKAILU

Löydä minusta edes jotakin.
Tai jostain, vaikka sitten väkisin.

Ajatus ei ota muotoa. Se ei ala,
jos on käskijänä viisauden vala.
On hetki ja nyt, kuin on mielikin.
Mä kuinka sen myrskyn taas löytäisin?

Ilman muita olet kuin hukkuvan käsi.
Muka luona, vaan yltäpäältä yksinäsi.
Eikä etsi otteesi korttakaan.
Miksi etsisi? Ethän enää olekaan.

Löydä minusta edes jotakin.
Tai jostain, vaikka sitten väkisin.
Vaikka kaikkeus on valhetta,
Kärsin totuuden kutsua saamatta.

Olemme turvatonna kahdestaan.
samoin turrin käsityksin kuivutaan.
Muuten saisi jäädä tää kamppailu.
Mutta ei. Hiuksesi ovat seikkailu.

KADONNUT

Ei edes paksuin nietos voisi peittää katveellaan,
kuinka paljon metsällä on joskus tunnollaan.

Lumi oli puhunut, vaan vielä jaaritteli.
Syksyn muisto nöyränä, kun loppuansa eli.
Hiutaleina suruhuntu hämärän sai aikaan.
Lapsi oli kadonnut. Liekö eli lainkaan?

Niin kuin oisi korvess' ollut monta hukkuvaa.
Huusi äänet poikaa joka ääni tahollaan.
Itse juoksin lapsen luokse tunteet väkevinä.
Minä olin syyllinen. Voi luoja, yksin minä!

Suojass' korpimaiden, siellä metsän äänten alla
oli salapaikka minulla ja perheen lapsosella.
Siellä monta kertaa surusta hän täristen
kertoi mulle tuntojaan. Tiesi kai, ett' jätä en.

Väki kutsui poikaa, toki väliin muakin.
Pilvet painoi, nosti maa nuo huudot helvetin.
Mutta piilopaikkaamme salassa uinuvaa
en tahtonut mä heille silti nytkään paljastaa.

Kun erää käy, niin erä kertoo aina enemmän,
kuin mitä koskaan tietää mieli tavan etsijän.
Ei edes paksuin nietos voisi peittää katveellaan,
kuinka paljon metsällä on joskus tunnollaan.

Mitä minä tyhmä olin mennyt tekemään?
Sydänystäväni suojattani jättämään!
Tiesin toki ennemmin kuin silmäni sen näki,
mitä tienneet vielä eivät vanhemmat, ei väki.

Suru, raivo kaikkeni ja kaiken muunkin täytti.
Pelkän kalman totuuden kun luonto jälleen näytti.
Ensin merkit piilevät ja sitten verivana.
Sitten pieni lapsonen, kuollut alastomana.

Ja varovasti jälleen, niin kuin aina ennenkin,
mä kävin maaten viereen parhaan kaverin.
Kaikki oli tummuutta ja kaikki kalmaa vain.
Oispa poika noussut, tyynnyttänyt itkuain.

Kahahti jo puska. Silloin eteeni mä sain
löyhkän minkä tunnistin jo suojatissain.
Katse juopunut ja tilanteesta hämmästynyt.
Tajus mieli saastaisen, että kaiken tiedän nyt.

Oon kohdannut mä paljon, pahaa sekä kamalaa.
Nyt kirotuista alhaisimman satuin kohtaamaan.
Mietti kai ett' onni oli hälle tämä reitti.
Pullolla mut surmaisi, vaan varjoani heitti.

Vihaa kulmahampaani tuon pedon päälle loisti.
Takajalat jännitin ja mieli yhtä toisti.
Niskakarvat pystyssä mä ajattelin vaan:
ei ehtisi hän koskaan suojella kurkkuaan.

TYHJÄN AJAN KULUA

Paha voittaa, kun hyvä vihaa!

Tyhjän ajan kulua, tuohtunutta surua.

Katkeruutta, katkeruutta, ilman elon murua.

Elon irvi silmissäs', löysitkö jo etsimäs'?

Nytkö on sun, nytkö on sun petos uusi edessäs?

Neito liikaako vaatii, kun vaatimusta ootetaan?

Appi mitäpä huomaa, kun alttarille saatetaan

haaskalle tyyntä lihaa?

Paha voittaa, kun hyvä vihaa!

Päivän ilman kipua annan ohi lipua.

Paremmasta, paremmasta toivosta saan apua.

Kunpa tietäis sydämein, miksi tänne polun tein.

Itseäni, itseäni syytän, kehun. Itse vein.

Neito liikaako oottaa, jos pyhimystä haetaan?

Kenen tulella leikit kun tulta vain autetaan

lähemmäs kotisi pihaa?

Paha voittaa, kun hyvä vihaa!

Ilman sua siis pääsin tähän.
Haave kohtelusta auttoi vähän.
Eteeni tuli monta, monta,
moraalille kunnotonta.

Vaan tuli myös sielullisia,
silmien takaa mieluisia.
Torjuin, hylkäsin moiset,
että pääsevät haaskalle nuo toiset.

Iloisesti pinnalla kivi pomppii. Rannalta
hyljättynä, heitettynä uhrina.

AITTA

"Kiitos, poika, sinulle,
kun joskus luoksein ennät."

Mä enpä kuule aaveita
ja niiden valitusta.
Tunnelman mä tunnen.
Aina saa se otteen musta.

Nukkuu ajatuksissaan
ain' aitta, törmän vaari.
Silläkin siis takanaan
jo pitkä elonkaari.

Isänikin siinä oli.
Lapsen työnsä laittoi.
Pommikoneet sinessä
kun uutta riistaa vartoi.

Nyt ei, aitta, törmälläsi
marssi sodan kengät.
*"Kiitos, poika, sinulle,
kun joskus luoksein ennät."*

Vuosisataa runsaan puolen
ehti aika pukea.
Vasta äsken osasin
mä hirsiäsi lukea.

Mihin sitä pulahtaisi,
niin kuin kala veteen?
Kaihomielin istahdan
mä rakkaan aitan eteen.

YÖTÖN YÖ

Luoja, minut pelasta, vaikket oliskaan.
Perun kaikki puheeni, jos tuut moikkaamaan.

Kiilusilmä ilon tuntee, mutta myöskin vihaa.
Peto pahin kaikista, vaan metsästä ei lihaa.
Haukkais' vaikka palasen, vaan raatelee se sielun.
Kaikki järki syövereihin säntää pedon nielun.

Mulla on edessä se yötön yö.
Kun valveen vihulaiset miehen syö.
Kun pelkät varjot tulee auttamaan.
On lesken harsot niillä kasvoillaan.

Jumalauta, onpa jälleen vakavana mieli.
Ja unen tarun kertojalla ilkeänä kieli.
Eipä valkkaa satujaan tuo lainkaan sattumalta.
Raapii raatit uunista ja hiilipetin alta.

Viisaalla viidestoista yötön yö.
En niitä laske mutt' ne miehen syö.
Kun pysty kukaan ei mua auttamaan.
Ne tahtoo tuomita vaan kasvoillaan.

Luoja, minut pelasta, vaikket oliskaan.
Perun kaikki puheeni, jos tuut moikkaamaan.
Otan vaikka kuvitellun avun tähän hätään.
Valehtelen, etten edes hetkeen tunne mitään.

Ei yhtään valoa tuo yötön yö.
Se kaikess' pituudessaan miehen syö.
Pimeyttä huudanko mä auttamaan?
Yö saapuu kuolinmaski kasvoillaan.

MÄEN VIISAIN

"Nytkö kartettu oisin, vaikka kerrankin
totuuden värssyihini asettaisin?"

Ollapa viisas ja viisaita ajatella!
Tulis viisaudet luo, kuin lämmön tuo hella.
Kävis kuriiri aina perjantaisin.
"Mitä uutta sä tiedät? Mitä mukaani saisin?"

Ja aina ois mulla jotain sanottavaa.
Kuuntelis kuningas sanaani valaisevaa.
Mä kuriirin laittaisin takaisin.
Ensin viisauden korvaan kuiskaisin:

"Tällä mäellä asuu viisas mies.
Hällä tehtävä, kutsumus on paita hies'
aina miettiä uutta ja kumota entinen.
Hän viisaalta tuoksuu, on viisaan värinen."

Eipä tajuais kuningas. Eipä huomaisi tuota.
Mitään neuvoa uutta ei tule mun luota!
Ei hällä epäilyn taimikaan itäis.
Kun kehuvat muut, niin viisaana pitäis.

Ja mä tiedän, että matkalla kuriirin
tälle syntyisi ajatus omin avuinkin.
"Viisas kertoi sen mulle itse esittäin.
Ja sen kuloa en saa pois mielestäin.

Tuolla mäellä asuu oraakkeli.
Etpä usko mitä äsken hän ajatteli.
Tuumi että ei elää voi uudestaan.
Että olla ja kuolla voi kerran vaan."

Nytkö kartettu oisin, vaikka kerrankin
totuuden värssyihini asettaisin?
Näen, kuriiri taas tulisi tuolta.
Seurais sotilaat tien kumpaakin puolta.

Pääni kuningas tahtois suu vaahdoten.
"Miehen kieli on sukua käärmeiden!"
Siksi moista en tee, kunhan tuumin vaan:
Oppii asiat jokainen vuorollaan.

"Tuolla mäellä asuu mies tietoa täysi.
Taas kuriirin mukaan hän totuuden löysi.
Miksi päätäsi vaivaat, sä onneton?
Hänen viesteissään kaikki jo kerrottu on."

ETUILIJAT

Mietipä, elämän toipilas
ja maltilla odota vuoroas.

Taas sade, tuulikin piiskailee,
kun nöyrtynyt lauma vain etenee.
He alussa numeron ottivat.
Väliin ryppyistä lappuaan vilkaisevat.

Kun poistuu jokainen vuorollaan,
niin jonokin rauhassa kiemurtaa.
Siell' on järjestys meillä ja muilla.
Siks on itsekästä etuilla.

Jotkut tahtovat rynnätä heti pois,
kuin ei muita jonossa edessä ois.
Mietipä, elämän toipilas
ja maltilla odota vuoroas.

Toiset tunne ei henkeä, Jumalaa.
Toiset nimensä kastoivat veteen.
Mutta kaikilla on joskus hankalaa,
joten äläpä kiilaa sä eteen!

VILPITÖN VIESTINTUOJA

Nouse, nouse, kuule tää lause
mille syömmesi hätä ei riitä.

Kukkuu, kukkuu, kuka vielä nukkuu
mun matkani mökkien suojassa?
Olen herännyt varhain ja innoissani
olen huonoja viestejä tuomassa.

Nouse, nouse, kuule tää lause
mille syömmesi hätä ei riitä.
Mull' on velvollisuus sekä etuoikeus
oma tarmoni ahmia siitä.

Tuotan, tuotan surua ja luotan,
ett' murrut ja vaipuisit tästä.
Sulla kateeksi käy. Sua suurempi oon.
Enkä lakkaa mä ylpeilemästä.

ME TULEMME VARJOISTA

Te keitä lie ootte, te poikaset?
Niin häivytte kohta, kuin eiliset.

Ja pimeys kun hämärän täydentää,
Ei yhdet, ei kahdet silmät meitä nää.
On savunne, kipinän tuoksussaan,
jopa alttiina paikkansa kertomaan.

Näin kiihkeät pulssit saapuvat.
Vain lumi luo äänellään tulijat.
Me nuoria, kuten myös pojat nuo,
jotka Jumala ottaa, jos niin vain suo.

Ei rohkeinkaan teistä enää elä.
On kuoleman muistonne siitettävä.
Ja "miksi" ei kysy nyt yksikään,
kun tietää ei, ettei jää elämään.

Jo kuuluvi ääniä, kaihoa,
mi koittavat totuutta lahjoa.
Ne kertovat kodista, muistoista.
Kuin valoa, mi yrittää sokaista.

Te keitä lie ootte, te poikaset?
Niin häivytte kohta, kuin eiliset.
Me voisimme elää kai jokainen.
Nyt toive on totuuden vihollinen.

Sä nuorimies, siellä oot teltassass'
En tietää voi, mitä oot puuhaamass'.
Jos mieleni turhaan ees' jotakin pohti,
nyt laukaisen aseeni sinua kohti.

JONAKIN PÄIVÄNÄ

Miksi olen mä muka vähäosainen?
Itse matkani kartat mä piirtelen.

Jonakin päivänä ymmärrän,
kuinka tärkeitä läheiset ovat.
Vielä tulee se aika, kun käsitän
itse luomani kriteerit kovat.

En mä antaudu. Nöyräksi aloin vain.
Löytyy kaihokin miehen sielustain.

Löysin itseni mietteiden maasta.
Siell' on aatteita, omia tietenkin,
joita valheeksi kukaan ei haasta,
vaikka vääriksi aistin ne itsekin.

Miksi olen mä muka vähäosainen?
Itse matkani kartat mä piirtelen.

Jonakin päivänä ymmärrän,
miksi jälkeenpäin pohdin mä näitä.
Miksi testaan ja luotani hätistän
oman hulluuteni eristeitä?

Muistan viisauden, itse kirjoitetun.
Sitten tajuan, ne sanoja onkin sun.

SUDEN LÖYHKÄ

Katseet jo lasiset, painuneet päät.
Huomisen laitureissa ahtojäät.

Iloiset hymyt minne lie menneet?
Riivatut rievut vain peitoikseen saaneet.
Kurotus, kosketus löydä ei toista.
On tarpeekseen saanut nuotio koista.

Ei iloiset ikkunat elämää raikaa.
Kuin vankilan muurit ilman aikaa
ne katua katsovat kaihoissaan.
Ja usko ei moni ees suveenkaan.

Ei maskeille lämpöään katseet anna.
Karttava katse ei rakkautta kanna.
Kulkija, vieras vaikk' olitkin vain,
nyt kalmainen hahmo oot polullain.

Oi äitimme Luonto, sun kurisi, valta
saa arjen näyttämään lohduttomalta.
Katseet jo lasiset, painuneet päät.
Huomisen laitureissa ahtojäät.

Aina tarpeeksi meitä jo unehen joutaa
ilman mielemme tukkivaa ikiroutaa.
Oottaa elukat pienissä koloissaan,
suden hajun kun tuulonen kuljettaa.

MIELITYINEN

Repullinen surujani
nyt multa pokkaa.
Kun ei tuo pilven ukko
niitä koskaan
riesakseen tahdo ottaa.

Makasin mä aamupäivän. Sitten vielä
päivän kaksi,
kunnes jalkani vaativat kulkemaan.
Kaverini Mielityinen lähti toki saattajaksi.
Tiesin, ettei ala hän moittimaan.

Viekkahasti pisti pilkkeen silmään.
Naurullansa loihti lämmön kylmään.

Tarujani toistin tuolle, tolkun
tuttavalle,
joka juttuni juonteista kiinni saa.
Kätevästi kädellänsä lohdun laittoi hartialle.
”Katsohan et, mut nyt saa koskettaa.”

Ei hän totta oo, mut unta sentään.
Muuta löydä en, siis näillä mennään.

Repullinen surujani
nyt multa pokkaa.
Kun ei tuo pilven ukko
niitä koskaan
riesakseen tahdo ottaa.

Ole niin kuin olit ennen. Vilkaisukin
sinun suuntaan
laittoi jalkapohjani nousemaan.
Tosin ei nyt vuodet haittaa. Tärkeintä on
että oot vaan,
kunhan kesken mene et loppumaan.

Kierteet kaulasi nyt kuin tutti mulle.
Oljenkorsi rantaan naaratulle.

Repullinen surujani
nyt multa pokkaa.
Kun ei tuo pilven ukko
niitä koskaan
riesakseen tahdo ottaa.

Ihmetellään aamupäivä,
sitten vielä päivä kaksi.

Kaverini Mielityinen, tehty onnen antajaksi.

BONA FIDE

Tahdo ettehän mitään muuta,
kuin kehuvan viiman ilman ihmissuuta.

Katso kuka on sua tänään vastaan.
Häntä muistapa kehua kuin äiti lastaan.
Kenen päälle sitä tänään istuis?
Joku aivoton menijä ja ranteessakin ruis.

Katso ketä et sä tänään tunne.
Jos hän kohta on johtaja, me valveudumme.
Opi puheet, jotka myrkyn kätkee.
Sull on mammona, puku sekä mieli letkee.

Osu niihin, jotka paljon luulee.
Ne on vasta vain taimia ja kaiken kuulee.
Tahdo ettehän mitään muuta,
kuin kehuvan viiman ilman ihmissuuta.

Vailla halua on järki päässä.
Tahtoo maailman lämmittää, vaan umpijäässä.
Muista kotis, muista lähtöpaikkas.
Muista: toiset ne elämäsi sotkuun saikkas.

Elon ohje ei oo sivut kirjan.

Ne vain sivuuttavat mieles, tekee kirjan orjan.

Tuumi enää en mä näkyvyyttä.

Annan kaiken olla. Häivyn aivan syyttä.

KIPU

"Ne sanoo, että kiirastulel' joskus rangaistaan.
Mä siellä pääsi nojaavan nään hänen hartiaan."

Kuin kauna käärmeenkielinen vain toista satuttaa,
niin sydänsärky, toiseen ei se koske ollenkaan.
Kuin mielipuoli toivon, että ajatukseni
myös ihastuksein kuulisi ja tuntis vuokseni.

En tarvi siihen tuoksua tai äänen kertomaa.
Vain hiljaisuus ja kaihoni ain susta muistuttaa.
Ja en voi edes syyttää ketään typeryydestäin,
kun kera oman kohtaloni jälleen kävi näin.

Ei ilosi mua auta, jos sen toinen pyydystää.
Ei satunnainen mies voi aistikkuuttas ymmärtää.
On niskas iho, huules liike hälle naista vain.
Ja hiukses tanssi pieninkin nyt miekka rinnassain.

Tuo hymy, jonka joku saa, sen tahdon itsellein.
Sun kosketusta anomatta kaipaan kädellein.
Tuo toinen näitä asioita tuskin huomaakaan.
Vaan silmissäni kaikki liikkees sua kaunistaa.

Tuon siluetin miksi näin, kun häntä kotiis' veit?
Sain muiston ikikestoisen ja unenruokain teit.
Ne sanoo, että kiirastulel' joskus rangaistaan.
Mä siellä pääsi nojaavan nään hänen hartiaan.

Tää tieto asuu sielussain. En sitä verestä.
Tää totuus, ettei koskaan meitä rakkaus yhdistä.
Tee kaunis elo omastas, mä omani myös teen.
On unohdus mun ainut lääke varmaan
hulluuteen.

YSTÄVÄ

Ja risukasa, mihin aurinko paistaa.
Pienen savun voin kohta jo haistaa.

Kaikuunko huusin, kun nauraa sain?
Mä ivaa elon nyt kuulen vain.
Murtuu polku jalkojeni alla.
Toivo kaikki on kesannolla.

Pääni alas painan miettien,
minne kadotin onnen entisen?
Nuo muistot niin kalliit sain.
Ne nyt piikkejä ovat ihollain.

Aikani kuljin ja taistelin.
Nyt olen pelkkä alasin.
"Vaan ennenkin olen joutunut sun alle",
huudan elämän vasaralle.

Ja saha, poikkaise oksa jolla istun!
Kunhan järveen tipahdan ja kastun!
Eikä tuo kaivo minun kirvestäni kysy.
Ei vastusten viima kasvoillain pysy!

Toki olen nyt rampa ja nilkuttain
askelen kerrallaan uskallan vain.
Narriksi en jää huolteni kyliin.
Jos kaadun, kaadun vahvaan syliin.

Ja risukasa, mihin aurinko paistaa.
Pienen savun voin kohta jo haistaa.
Sen tulella paistan makkaran mehevän,
kanssa seuran tärkeimmän – ystävän!

HUOLIJA

Helppo rääpäle metsästäjälle.
Tältä parkukin pääsee jo luonnostaan.

Kuulepa sä Seppo kuoma!
Taopa nyt mulle sampo kaunis,
joka rikkauteni on tuova.
Sitten naisetkin tahtovat tanssittaa.

Tapio, sä metsän hööki,
annapa jo mulle paisti painava
ja lattiatalja söötti,
jonka päällä voi lahjojas maiskuttaa.

"Mikset itse tee, toteuta moista?
Sä vain huutelet tuotavaa ojista, soista.
Tyhmä värjöttää. Elä elämää ja nää!"

Missä on mun osani, Ahti?
Muilla kosket on kaloja kallellansa,
täynnä saalista uoma ja lahti.
Mulla onkikin puskassa odottaa.

Anna nyt jo elämä tälle,
joka raanaan joutuipi ruikuttaan.
Helppo rääpäle metsästäjälle.
Tältä parkukin pääsee jo luonnostaan.

"Laita jotakin koukkusi mutkaan!
Miksi onnea sille, joka onnea sutkaa?
Tyhmä värjöttää. Elä elämää ja nää!"

Hiki päässä koitan takoa
ja palasista kutoa.
Vaan kuin ruojalle annettu laina,
on tulos sama aina.

Pelkkä haaskasta repäisty linnunlaulu.
Juopon nurkista löytynyt turha taulu,
jossa värit eivät linjaa kohtaa.
Mitä tarinalleen kukaan mahtaa?

Annat maailmaa maistella mukavasti.
Sitten poikki ja pinohon koko kasti.
Keksinnöllesi mitäpä mahtaa?
Vanha lautturi, se kun vain rahtaa.

"Laitat tuskasi kuoleman piikkiin?
Vaikka lentää sä voit, ruhos mudassa hiipii.
Tyhmä värjöttää. Elä elämää ja nää!"

VÄVYN VEISU

Paljon pistin kannon pintaan ja
morsiamenkin nokkiin.

Nainen, tuutko raitille vastaan?
Tahdon kätesi ainoastaan.

Sen taattosi lupasi luovuttaa
ja kylkiäiseksi antaa
mantuja pitkin perikunnan,
jossa väkevät kuuset kasvaa.

Nainen, tuutko raitille vastaan?
Tahdon mielesi ainoastaan.

Sen rumpuni lupasi luovuttaa.
Siinä luinen tieto tanssii.
Se juorusi mukavat riemuriimit,
joita myrrysmiehet suosii.

Me iloisesti lauletaan.
Aamut hukkaan tanssitaan.
Ja vaattehitta valvotaan.

Nainen, tuutko metsälle kanssain?
Tahdon sinut ystävillein vain.

Eilen metsän houreasukkien
kanssa istuin korttirinkiin.
Paljon pistin kannon pintaan
ja morsiamenkin nokkiin.

Me iloisesti lauletaan.
Aamut hukkaan tanssitaan.
Ja vaattehitta valvotaan.

MIEHEN SANA

Sepä tuli mieleen se kaipaamas kiitos.
Kuin ois kätilöä kaivannut pirun siitos.

Sepä oli ennen se miehen sana.
Ja sana oli lekalla taottavana.
Se alasimen päällä jo pelkästään
sai väkevänkin sepän perääntymään.

Sepä oli ennen se ystävään usko.
Ja usko oli varma kuin iltarusko.
Se totuutta kuvasti, ikuinen jää.
Vaan en tajunnut, aika sen hälventää.

Tuli ennenkin mieleen se petkuttaja.
Ja huijariystävän hämyinen vaja,
jonka turvassa veistimme elämää.
Mutta toiselle vain. Ei enempää.

Sepä tuli mieleen se kaipaamas kiitos.
Kuin ois kätilöä kaivannut pirun siitos.
Et voi tajuta tätä, sä valheiden kuopus.
Oot muistojes veistos ja itsesi luomus.

Silti pysyt päässäin ja aina tässä.
Ja aina olet aivojain säätämässä.
Minä rakkauttain pakoon pääse en.
Et muista sitä, minkä minä ansaitsen.

Sepä oli ennen se miehen sana.
Se oli kuin muuri, tuen antajana.
Sinä sait kai jotain minut unohtaen.
Ja minä sain runon, jota tahtoisi en.

TAIKA-APAJA

Löysi ryhmänsä paikkaansa kysellen.
Oli vastauksen sointi kuin käärmeiden.

Kalakolmikko rantoja ravasi.
Vaan käyttäytyi veden väki arasti.
Silti ahkera uurastus itsessään,
sai pahimman nälän poissa pysymään.

"Meille ryhmä on tärkeämpi verkkoa.
Eipä osaa sitä eväkäs ounastella."

Kerran tahoilla muilla tovin oltuaan,
kävi kaks heistä yhdelle iloitsemaan.
"Tuolla apaja on. Sinne menemme varhain.
Ja illalla aina on saaliimme parhain.

Sieltä nostamme aarteita, hopealohta.
Sinä älä tule sinne nyt. Tule vasta kohta."

Niin myös metsällä kävivät yhdessä.
Loitsut nuotion kahden vain ilmeissä.
Istui miekkonen yks heistä kummissaan.
Tahtoi toiset heitä kiitoksin kumartamaan.

"Paikka lahjoittaa sullekin sulasta, jäästä.
Vaan älä tule sinne nyt. Tule ajan päästä."

Eipä malttanut mies vain kuunnella.
Tahtoi itsekin vonkaleita nostella.
Löysi ryhmänsä paikkaansa kysellen.
Oli vastauksen sointi kuin käärmeiden.

"Niin on saappaasi jäljistä ranta tää vapaa.
Ei oo tuntenut sen vesi airosi lapaa.
Sä nyt jätkänä saavut lompsien,
muka omaasi itselles vaatien.

Toki toisaalle viritä siimasi jänne.
Kulje vapaasti, vaan älä koskaan tänne."

Kaksi maailman kovinta cowboyta

Vielä leilissä hiekkaa.
Voi, sekin niin maistuu!

Kaksi maailman kovinta cowboyta kulkee.
Toinen toista käy seuraten. Toinen taas ei.
Paahde aurinkon kaksikon aavikkoon sulkee,
tekee helteestä ruuan ja juoman, myös vuoteen.

Kaksi maailman kovinta cowboyta kaatuu.
Toinen tahtoisi nousta, vaan toinen taas ei.
Vielä leilissä hiekkaa. Voi, sekin niin maistuu!
Maassa kumppani tummana, liikkehet toistuu.

Kaksi maailman kovinta cowboyta huutaa.
Toisen Colt kerran yskäisee. Toisen taas ei.
Herjaa asukit aavikon: ”lämpö on lauhaa!”
Hurme houreinen lammikoksi asti kasvaa.

Sumuisen taipaleen erakko

Mitä näe ei, sitä ei olekaan.
Ja piru vaikka kairasta haetaan!

"Yksin, niin yksin on erakko tuolla.
Armoilla kaiken, kuin paljaalla suolla.
Seuraton mieli on happoa sielun.
Ei ravitse lainkaan, vain syövyttää nielun.

Rakkautta ilman ei elää voi kukaan",
yhteisö tuumi ja eli sen mukaan.
Koulussa opetti, lakiin sen laittoi,
että tietävät kaikki ja unohtaa ei voi.

Takana usvaisen korpipolun pätkän
tiedettiin asuvan oudon, vanhan jätkän,
joka kylässä harvoin asioillaan
oli läsnä mutt' omissa oloissaan.

Aina sopuisa sää saattoi metsästä miehen.
Vaan matkalla paluun kuin kapaloa vieden
tuli sumuiset airueet sopukoistaan.
Moni tuumas: pärjää hullu tuo tuurillaan.

Katsoi taholtaan jätkä ja enemmän huomas,
että kaunalle aineet on jokaisen juomass'.
Tiesi kuin oli tietänyt jo ennenkin:
ahneus ihmisen raatelee varmimmin.

Kylässä julmuutta pelännyt ei yksikään,
sitä mistä oli tulvia joka poloisen pää.
Eipä takia pahan ollut auttava olo,
vaan kun sorttia toista oli ihmispolo.

"Miksei kerro hän tuntojaan, mietteitään jaa?
Miksei seuraa oo jätkällä ollenkaan?
Hänkö uhri on nälkäisen masennuksen?
Yksintuumin jok' meille on vihollinen. "

Juhlaruuan linnassaan itselleen keitti.
Ja hetekan pohjalta jalat pöydälle heitti
mies asultaan räävitön kerrassaan,
vaan mielessään omalla paikallaan.

Ryhmä auttajain hökkelille hyökkäs'
kutsumatta sisään. Hiukan ovella yökkäs'.
Kuin omansa varkaalta takaisin vieden
repi hurskaiden kulkue kodistaan miehen.

Ja niin oli ihmisten tieto ja tuntu,
että kuin ois vartija usvainen huntu.
Kaikki sen näki vaan harva sen huomas,
kuka keneltä turvassa oli sen suojass'.

Jos sää oli poutainen aiemmin,
niin sitäkin tiukemmin, sakeammin
kävi usvainen nyt kimppuun kulkijain,
heitä varmalla otteellaan kuristain.

Se hyökkäsi hitaasti koivujen takaa.
Sen muoto niin hellä, vaan tahdosta vakaa.
Ja vaieten kiemurteli tuskissaan,
kun luopumaan joutui se omastaan.

Ja sai myös raahattu tarpeekseen.
Löysi nokan jos toisenkin rystysilleen.
Vaan soimas taas kööri: *"Älä temppuile.
Nyt on putkaan saatava perkele!"*

Taas rauhan sai kylä kunnon väen,
väärän ja viekkauden eristäen.
Mitä näe ei, sitä ei olekaan.
Ja piru vaikka kairasta haetaan!

*"Yksin, niin yksin oli erakko tuolla.
Vaan ystäväin keskell' saa elää ja kuolla.
Seuraton mieli on happoa sielun.
Nyt turvaavat kalterit eksyneen rievun."*

TUOMARIT

Elon erotuomari
lippu kourassaan
on sadistinen paimen.
Pelilaidun on karsinaa.

Kun sitä elää, eleskelee
ja hymyn häivää halajaa,
niin toinen, liki läheinen
tuomaroimaan rupeaa.

Elämän erotuomari
huomaa erheet aina muiden.
Se kyylää pilli huulillaan
ja kiljuu tuomion tuoden:

"Voi raukka, tiedä tässä nyt
sua vihaan vaiko säälin.
Tuon hetken äsken tuossa noin
sä elit ihan väärin!"

Sävy aina äänessään
on syytös kiihkeä:
"Häivy silmistäni kurja,
omin säännöin eläjä!

Sä vaikka olet mies,
niin pitkä letti hulmuten
ain' uhmaat ohjeitani,
tyhmä vasenkätinen!"

Elon erotuomari
lippu kourassaan
on sadistinen paimen.
Pelilaidun on karsinaa.

"Taas ihan turhaan, itikka,
oman ajatuksen loit.
Kuuntele vain minua
niin ilman aivoja elää voit."

Oman Elämän Sankari

Kehnompi toki on suurena kuolla,
kuin hetkisen nolona haavojaan nuolla.

Ne hetket, jos hiivun lailla laskevan kuun.
Nekin minun vain ovat, eikä kenenkään muun.

Eloni lahjaks' kun käärittiin,
niin sisältö tyhjäksi jätettiin.
Ei siks, että tuota mä itkisin.
Vaan siks, että itse tuon täyttäisin.

Älä lyöntiä pelkää, onnesi anoja.
Sillä piru on piilossa, Saatana on sanoja.
Jos on puheenparret isäsi, Luoja,
on puheet nuo muiden sun tuhosi tuoja.

Ei kurjuuden keppi enää kärsivää sohi.
Nyt koira puree. Heikkouden aika on ohi.

Ja naulat arkulla ystäväsi.
Ne iskihän raivolla sinun käsi?
Sillä kutsun päässä on auttajasi.
Vaan vilppi on likimpi, rinnallasi.

Katsopa hetkeä, tummunut mieli.
Ylistä oloa, nöyrtynyt kieli.
Onpahan taattu sun elosi juoni,
jos sanasi muoto on kuolema, tuoni.

Ei se mitä joskus sitten kirjoitetaan.
Vaan se miten nyt sun nimi lausutaan.

Viimeiseen asti, vaikka ei jaksa.
Elämän loppuko sankarin taksa?
Kehnompi toki on suurena kuolla,
kuin hetkisen nolona haavojaan nuolla.

TOTUUDENTAKOJA

Älä kajoa kirjoihin, mi tuottavat tiedon
muodosta olevan.

On huulillas eilinen niin kuin taottu rauta,
mi voimansa saa, kun hehkun helmaan käy
norjistumaan.
Vie sanasointusi kylmät luo takojan ahjon.
Sen lämpö vieras luo ne uudestaan.

Vala puheesi alle pohjat ruskasta talven,
myrskystä poudan.
Tule tutuksi kanssa kansan voimalla vilpin,
tahdolla kurjan.

Suo mielesi löytää suvi. Jos nähty on talvi,
ei kuuran jutuista kukaan käy kiinnostumaan.
Jos on tarusi tehty ja totuutes tylsä,
niin alasimen päältä paremman eilisen saa.

Älä kajoa kirjoihin, mi tuottavat tiedon
muodosta olevan.
Kerro muistisi murteet lailla kälmin ja ovelan
totuudentakojan.

Sä tuolla turhalla luulet ja mielesi uskot,
ett' sua kunnioitetaan lailla teränkeittäjän.
Vaan valheen hiillos ei vaskea taita, ei muuta.
Ja hohkaa ei vilpillä ahjo. Se vaatii enemmän.

Pysy toisaalla viisaista, sä sotkija puhtaan,
rehtiyden tuhrija.
Niin on sotasi kaunis. Siinä koskaan, ei
koskaan muisteta uhreja.

Minä olen käki

Mene joen rantaan setä Lohen luo.
Katso, mitä puuhaa outo kala tuo.

Valheen velhon puheesta ei selvää saa.
Sielun tiehyet hän sulkee ivallaan.
Katseleepi kangastusta riemuissaan,
kun kuura kaitsee kulkijoitaan.

Peilissäni asuu outo ihminen.
Se hymyilee, kun katseen sille suvaitsen.
Tutut piirteet jostain mua muistuttaa.
Mutten tohdi alkaa juttelemaan.

Minä olen käki. Minä lennän.
Tutut huhuiluni huudan.
Korvessa aikani vietän.
Ja pesääsi väkisin muutan.

Kirjekyyhky päässäni on kauhuissaan.
Siipiensä alle eipä ilmaa saa.
Viestinviejä hyytyy alle lyhtyjen
Ja hankeen kaatuu alistuen.

Kuule kuoma haaveitteni huojuntaa.
Revontulten luona ei oo tukalaa.
Hervottomat hahmot hilpeästi voi
nousta yli kalmaöiden.

Minä olen tuli. Minä huudan.
Ruholle raivoni raivaan.
Voimalla pakkasen, roudan
sielusi syliini hautaan.

Mene joen rantaan setä Lohen luo,
Katso, mitä puuhaa outo kala tuo.
Helppoa ois elo alla suvannon,
vaan kohta kauhoo vastavirtaan.

Touhujasi tuumi pelkin kyynelin.
Surun sapeli on voima väkevin.
Ahdingosta on vain askel hulluteen,
venho ilman pohjatulppaa.

Minä olen käki. Minä lennän.

Tutut huhuiluni huudan.

Korvessa aikani vietän.

Ja pesääsi väkisin muutan.

MIES SUOLLA

Katajainen mies, vaan mieli kuin tammea.
Totuudeksi ei taivu, ei arjeksi kampea.

Öistä suota hiljaisempaa ei kai ole mikään.
Liikkuu ujo usva vain, josko edes sekään.
Kun metsä kertoo kuiskaten pedoilleen
pöllön oivan joskus nevalla huhuilleen.

Kun huurteesta herää koko kasvien valta.
Sen peite vaikk' tuntuvi kannustavalta,
ei suolle käy elävä, ei yhtään kukaan.
Yks kuori vain nousee houreiden mukaan.

Vielä epäröi valokin valloitustaan.
Vain hämärä samoilee laitumillaan.
Yhtä himmeä ja aivan yhtä varjoton
on taas hahmo tuo keskellä aukion.

Kertoo tarina surmasta Kruunun aikaan.
Uskoi salskea mies intohimonsa taikaan.
Ja sielultaan raikkaan kuin lähteen veen
hän riemuitsi neitosen löytäneen.

Neito miehelle halus myös palavasti,
hänen vierelleen, vaan ei omaksi asti.
Oli valmis hän elonsa puolittamaan.
Tahdon, sielunsa jos pitäis omanaan.

Vaati uskollisuutta mies. Sitä myös sai.
Vaan kun naisensa sijaan harhansa nai,
tunsi kylän kuin narrille nauravan.
Karttoi roolia uhrina tallaajan.

Katajainen mies, vaan mieli kuin tammea.
Totuudeksi ei taivu, ei arjeksi kampea.
Turhuudesta kunnian se riistää voimia.
Ennen mi ol' miete vaan, vaati nyt toimia.

Eipä tunteista hartiat kaveta voi.
Vaan kun irvihenget järjessä ilakoi,
muisto sielukkain muodon kaunan saa.
Vahva mies ei oo mieleltään lapsikaan.

Järjettömän raivon ikimetsä todisti.
Voimalla mi pellot kaivaa, elon anasti.
Liekö miehisyys tuntunut paremmalta,
kun morsian katseli mättäiden alta?

Hulluus on harhaisen ainut pesti.
Ei se taannu. Vuosisadat tuo kesti.
Taas on tuomittu keskellä kanervain,
käsi multainen kuokkaansa puristain.

Suon lakaisee katseellaan tarkistaen
onko jälkiä lisää jälkeen eilisen.
Kuin katsois, ett' rauha on neidollaan.
Mieltä omaa vaikk' varjelee tuskissaan.

LEVOTON

Mieleni seestä kun huusi,
silloin katosi sees.

Otin kynän käteeni
ja alkoi juosta kynä.
Kohta elämäni elettynä
tunsi paperilla katseeni.

Otin sanan kielen päälle
ja alkoi laulaa sana,
kaiken mitä oli sanottavana.
Se nauroi pilviselle säälle.

Annoin kivulle nimen
ja niin tunsin kivun.
Uusiksi eloni joka sivun
sen pilkkakuvilla koristelen.

Mieleni seestä kun huusi,
silloin katosi sees.
Ryömin takaisin eteisees'
kylmään varjeluusi.

VALKOINEN RATSASTAJA

Tänä yönä ota syliin. Älä ulos mua aja!
Tänään pihalla on valkoinen ratsastaja.

Aittaas asumaan, jos saan,
sun hetekaan lyön yön
hirren rakoseen
ja teen kiepin eteiseen.

Nöyrän poloisen pelon
hilpeää hikeä valuvan näät.
Tartu poikaseen,
saat miehen mietteet siivekkäät.

Tammen takaa varjo tuo vakaa
järkeni tuntee, tunne ei aikaa.
Hän on kumartunut pelkoni puoleen,
saa kammoni kiljumaan äänistä huoneen.

Kaikuasullaan hän saa
kuuran ikkunaan. Taas
kuulen kavion
ja horkassa itken ”mikä se on”?

Oi, auta armahain!
Mä juuri haasteen ikävän sain.
Hän seisahtui ratsullaan,
joka suostu nyt ei astumaan.

Ennen kuin kasvojain katsoo.
Satulaan surujen istuvan tahtoo.
Mutta petisi on pelolleni pieni.
Hämärään pihaan käy turtunut tieni.

Tänä yönä ota syliin. Älä ulos mua aja!
Tänään pihalla on valkoinen ratsastaja.
Sen ratsun selkään vielä vaivainen mahtuu.

Tänä yönä pidä kiinni, on kuistisi raja.
Tänään pihalla on valkoinen ratsastaja.
Kynnyksellesi sen askellus raikuu.

AIEMPI SIELU

Älä puhu sä sieltä!
Aina osa oot mieltä.

Niin pitkälle ajatus kesti.
Yhden elämän arvoisesti.
Sitten hukattiin suohon
edes viittaus tuohon.

Hän lähellä aidon niin taisi,
ett' jos silmänsä ummistaisi,
niin hän itsestään antoi,
muiden tuumia kantoi.

Tämä elämän pieni viima,
josta syntyvi myrsky, kiima,
oli piinaava häntä,
ollut ei ystävänsä.

Nyt lisääntyy aika muiden.
Hällä menee se mukaan puiden.
Niiden juurin se tarttuu,
hänen elämä varttuu.

Kerro miksi et voinut antaa,
sitä saastaista liejulantaa,
mikä mieltäsi kaivoi.
Sitä tietää ei nyt voi.

Ole rauhassa ikuisesti.
Sama kaikille: varma pesti.
Kuulin sen jo sun suusta,
mutta välitin muusta.

Kuka tulkitsi viisaan kielen,
joka saavutti muiden mielen?
Älä puhu sä sieltä!
Aina osa oot mieltä.

KELMIN KESTIT

"On sielu halpa tonttimaa.
Sen hinta mulle poljetaan."

Piru istui tonkan päällä,
telmi kanssain aamuun asti,
kertoi, kuinka turhaa oli elo ottaa vakavasti.

Kulokatsein leperteli.
Soittoansa kehui vallan.
Liikkeissänsä virret eli lailla soinnun julman,
vahvan.

"On sielu halpa tonttimaa.
Sen hinta mulle poljetaan.
Ja mä ostan ikuisesti!
Kauppiaalla kelmin kestit."

Piru istui tonkan päällä,
telmi kanssain aamuun asti,
kertoi, kuinka turhaa oli elo ottaa vakavasti.

Puristeli atraintansa.
Loihti silmin vilpin värein.
Povestansa vaihtoehdot ilmaan huitoi sulosäkein.

"Nyt aito narri ostakaa!
Mun nauru itkuun kaikki saa.
Ja mä kiljun aamuun, vaikka
ullakolla on mun paikka."

Piru istui tonkan päällä,
telmi kanssain aamuun asti,
kertoi, kuinka turhaa oli elo ottaa vakavasti.

Porinoita kuunteleen jäin.
Tajuntani taskuuni vein.
Silloin soimas pauhu päässäin järjen
sanoituksin äkein.

"Sen laulun varjoon kaikki jää,
jos antaa päässä temmeltää
sävelen mi täältä etsit.
Kauppias, tää kelmi kestittää."

Tarina vieraasta

"Hurmees jäädän kuin syksyisen veen.
Vaan vuoksesi nyt tullut en. Se kyllä lämpenee."

Neitoni vierestä katselin,
kun pihaani varmoin askelin
kulki outo mies. Salaa tuijotin.

Kedolta kodin tuoksuihin,
portaita pirtin varjoihin
nousi outo mies. Ei koputtanut ovellein.

Tyhjin silmin katseli vain.
Kun oven viimein aukaisin, se kiljas puolestain.
Oli yö tummaa tulvillaan, tummempikin kai.
Näin viikatteesta vastauksen. Epäillyt en lain.

Vieressä lieden lämpöisen
sai puheensa aikaan huurtehen.
Kysyi tupakkaa, *"jos tässä polttaa saa..."*

Vieraita kasvoja kammosin,
kun piipullisen tarjosin.
Kertoi outo mies verkkain vilkauksin.

"Hurmees jäädän kuin syksyisen veen.
Vaan vuoksesi nyt tullut en. Se kyllä lämpenee.
On mieles tummaa tulvillaan, vaaraa vuottaen.
Jos leivän taitat matkallein, niin yöhön hälvenen."

Heipä hei! Hän on portailleni tepastellut.
Kysy ei. Kalpein huulin kuiskaa, miksi tullut
aika on.
Mä vielä loistan, mutta kohta sammun.
Outo mies lailla viiman taittaa tulenloimun.

Ovelta vielä heilutin,
kun vaiti liepein keinuvin
poistui outo mies. Hiljaa huokaisin.

Mökkini kanssa kolmistaan
kävin neitoni viereen nukkumaan
häntä koskettain. Hän ei herännytkään lain.

Kylmin silmin katseli vain
mä kelle oven aukaisin ja kelle viinin hain.
Nyt mieli tummaa tulvillaan, tieto tunteeton:
mies tuoksun nouti huoneestain. Ja ilma tyhjä on.

Heipä hei! Hän on portailleni tepastellut.
Kysy ei. Kalpein huulin kuiskaa, miks' on tullut.
Kavahdin
kun luulin kohtaavani kosket tuonen.
Pyytänyt ei mukaan muukalainen ehtoopuolen.

On tullut aavoille yö

Varropa neito, kohta tuta sä saat,
mitä valveesta vuoltu tänään tarjoaa!

On tullut aavoille yö. Ja kuuta uuvuttaa.
Jossain soi hiljaisuus laulain.
Se pirttis' luokse saa
jalkani astumaan.
Salpasi kumartaa.

On tullut aavoille yö. Ja metsä kuorsaa taas.
Se kertoo äänillä unten:
"Patikoi pihaan sun!"
Siis yölle jalkaudun.
Muistoosi murtaudun.

Varropa neito, kohta tuta sä saat,
mitä valveesta vuoltu tänään tarjoaa!
Istu tai nouse, yksi lysti se on.
Kasvot ulkoa kertoo kohtalon.

On tullut hangelle mies ja kuuta tuijottaa
sisällään pakkanen haikein.
Hän kantaa nimeäin,
mi kerran ikäväin
puuskassa jonnein jäi.

On tullut hangelle mies. Hän poistui
sisältäin.
Harteillaan tehtävä vaikein.
Kohta hän liikahtaa
ja käynti varma saa
luokse sun pihamaan.

Varropa neito, kohta tuta sä saat,
mitä valveesta vuoltu tänään tarjoaa!
Istu tai nouse, yksi lysti se on.
Kasvot ulkoa kertoo kohtalon.

JUHLA-ATERIALLA

Minä olen nyt Hän.
Hurratkaa enemmän.

Tämä viini on vanhaa!
Tuokaa uusi viini!
Jokin järki on tulossa ajatuksiini.
Nämä eivät kumarra kuningasta.
Toki Jumal oon ollut päivän vasta.

Miettikää ees sen verran,
että tunnistatte Herran.

Tämä sana ei johda.
Tuokaa uusi sana!
On armeija minulla hallittavana.
Hyi yäk, kuinka arkea on totuus.
Ja katsomatta kielees tai rotuus,

lauma, saappaani nuolet.
Minun käskystäin kuolet.

Tämä kana on vainaa.
Tuokaa uusi kana!
Tahdon ruokani verta pulppuavana.
Sillä niin olen kuullut tekevän
joka johtajan muistetun, väkevän.

Minä olen nyt Hän.
Hurratkaa enemmän.

Tämä väki on väärä.
Tuokaa uusi väki!
Viimein viisauteni tuon näki!
Saatte minusta sen kuvan,
että aivan kuin antaisin luvan

minun seurassani syödä,
sydäntenne vielä lyödä.

Tämä maski ei toimi.
Tuokaa uusi maski!

Kaatunut poika

Ja kiirus, elämän ottajat
paikalle saatiin heti.

Ei aurinko nouse enää samaa rataa.
Vieras lumi päälleen sataa.
Kuin nuoren ystävän, oman elämän
tunsi sumein silmin pysähtyvän.

Ja kukaan ei kertonut miksi.

Hiljaisuudesta kalman meteliin
lailla orjien käskettiin.
Et oo koskaan sä pestisi valtias?
Kuollut kuin jää, vaan hohdokas.

Lailla vahvan puhurin, tulvaveen
saa nyt poika valkoista turkikseen.
Koht' on palttoonas routa.
Siellä sull on suoja, pouta?

Kantaa äiti halot käsin varmoin.
"Käyhän poika niin kovin harvoin".
Ei tarvi hänen kylmää kätellä.
Ja mielessä aina likellä.

Vaan vain toinen on enää täällä.

Liian äkkiä tuomitsivat.
Liian äkkiä kutsuivat.
Ja kiirus, elämän ottajat
paikalle saatiin heti.

Hän äsken mietti, aikaa vain tovi.
kuinka aukeaa kodin ovi.
Ja äidin kultainen sana
niin lämmin, huolehtivana.

Vaan elämäsi unohtuu.
Vieras lumi laskeutuu.
Eikä kerro äidilles' kukaan
mihin joutui lapsonen mukaan.

Ja poika on jo poissa.

IKÄINEN

Kuinka voi poistaa vuodet nuo karseet?
Käärimme hihat ja vedämme perseet!

Ajasta aikaan päivät päättyvät.
Tunteet ne tuskissaan nälkää näkevät.
Josko ees koskaan oon saanut tuta,
paitsi kaiholla vain, sitä jotakuta?

Kellertää nurmi. Ei leikata tarvi.
Siis on aikaa taas kallistaa juomasarvi.
Pääse ei vuosistaan ees vanha kettu,
Ikänsä vanki ja iälleen alistettu.

Sä miehi nuori, muista mieles mahti.
Jäärän yhden elonkirja ei oo toisen tahti.
Saappaas loitonna, kun on imevä muta.
Tiedän, ei tuu avukses sitä jotakuta.

Kuinka voi poistaa vuodet nuo karseet?
Käärimme hihat ja vedämme perseet!
Yksin on rynnätty suora ja mutka.
Missä ees piiloilet, mystinen lutka?

Taas pohdin mä näitä ja nuorelle sanon.
En neuvomaan ala. Vain huomion anon.
Sä sellaiset mietteet päässäs arveluta,
jotka palvella tahtovat sitä jotakuta.

KYLÄHULLU

"Se saapui kuin vaiettu tuoksu.
Ei säästynyt yksikään mielenjuoksu."

Paljolti polkuja raitilla kylän,
kuljettu karrelle asti.
Rattaista painunut jäljet syvät,
painona aattehen lasti.
Rankkaa ja raskaampaa arjesta tehtiin.
Silmänkin pilkkeessä syntejä nähtiin.

Sunnuntaisin hurmiossa huudettiin hulppeasti,
jotta kirkonmenot kuuluisi taivaaseen asti.
Vaan kylähullu kiireetön, yhteisön loinen,
lauluista muiden sävel ain toinen

pisteli koko riemullaan.
Vain itsensä tahtoi kuulemaan.

"Harvat on hilpeitä hautaan asti,
sääntöjen lomasta jos nauravat lain.
Siksi outo on seurakunnan kasti,
ja sopivammat sävelet päästäni hain.

Ne on luritukset luomakunnan,
kiteytetty kaunistamaan.
Ne tuntevat syntien salaisen summan,
jonka pyrin unohtamaan."

Kauhisteli hurskas väki, pirun kun tuossa näki!
Jalkapuuhun teilaten, hänet siihen unohtaen
yksintuumin sitoivat ja moittivat
ja iloiten kummajaista potkivat.

Siihen murtui kylähullu säkeineen,
kun häipyi ääni viimeisen synnittömän askeleen.
Kuin kansalle surusta virnuillen,
viel ilmaa nuuhkaisi kerran viimeisen.

Näin saatiin lakien laistaja raukeamaan,
sanaa valittua viimeinkin kuulemaan.
Ja vakavana viisaasti marssittiin,
kuuliaasti sunnuntaisin kappeliin.

Vaan kesken menojen mahtavien,
korviin sanan orjien
kaikui seinissä tuttu sointu,
muun painollaan polkien.

Se saapui kuin vaiettu tuoksu.
Ei säästynyt yksikään mielenjuoksu.

*"Harvat on hilpeitä hautaan asti,
sääntöjen lomasta jos nauravat lain.
Siksi outo on seurakunnan kasti,
ja sopivammat sävelet päästäni hain.*

*Ne on luritukset luomakunnan,
kiteytetty kaunistamaan.
Ne tuntevat syntien salaisen summan,
jonka pyrin unohtamaan."*

PUUSTAHUUTAJA

Naisen vartaloksi tehty hahmo kiinnostaa.
Miksi tahdoit edes kuulla puustahuutajaa?

Metsän siimeksessä nimeäsi kutsuin.
Varmaksi sut laskin vaimoaatteissain.
Minä mieheksesi yltäpäältä tuoksuin.
Haju tuo kun oli vaatteenani vain.

Kun sä muita aloit parkuun,
silloin sinut päästin karkuun.

Jos mut röyhkeäksi muistat, kiellän kaiken.
Kanssas herrasmiehen lailla vaikenin.
Näinhän ensi kertaa elämässäin naisen.
Silti luontevasti sanat harkitsin.

Keskellä korven, kairan moisen
pystyit löytämään sä toisen?

Vaan jos hetkisen sä maltat, minut valtaas saat.
Annan vaikka kopan omenaa.
Naisen vartaloksi tehty hahmo kiinnostaa.
Miksi tahdoit edes kuulla puustahuutajaa?

Viimeinen iltatähti

Mastonne on nähty,
koittaa päivä ukkosen!

Se toinen lippu nostakaa!
Hiio hiio hei!
Se jolle varjo lankeaa!
Hiio hiio hei! Majakoista ei
koskaan olla kuultukaan.

Riitä muona mankujille ei,
köysi taikka lankku vain.
Aavikolla vesidyynien
karavaanit kajahtaa.
Mastoon lippu heilahtaa.
Kompassimme vainun saa!

Tulleet tietoon on Väinämöisen tiet.
Ne on tulleet tietoon.
Nousseet ilmi jo mieliväylät.
Alus aivan raivoaa. Tuuli syöksyy luolistaan.
Edessämme vedet peloissansa halkeaa.

Se toinen laulu laulakaa!
Hiio hiio hei!
Se jossa kulta vallataan!
Hiio hiio hei, tänne ruori vei.
On maston orja täysikuu.

Viima huutaa alta aaltojen.
Se lääkettä on lankkujen.
Vaikka menis meistä jokainen,
on meillä yksi huominen.
Mastonne on nähty,
koittaa päivä ukkosen!

Tulleet tietoon on Väinämöisen tiet.
Ne on tulleet tietoon.
Myrskyn loimet on meille suotu.
Ankkurit on ihminen tehnyt merta peljäten.
Me lepäämme, kun sammuu iltatähti
viimeinen!

HÄÄT

Elo yhteinen eteemme sulkupuomein jyrää ankarin.

Minä himoni heitän suojaan
huntuun valkeaan.
Ja keskelle katseiden ristitulten
käyn siitä nauttimaan.

On yö ja kirkkomme varjoon
täytyy nukahtaa.
Herätä valon vaikutelmaan,
hämärässä vaeltaa.

Sinut, neitoni, tahdon ottaa
ja lahjoa sormuksin.
Lupaukset lausutaan kaksi kertaa
mielin katuvin.

Hymyni oudon peittää
henki kappelin.
Elo yhteinen eteemme sulkupuomein
jyrää ankarin.

Nyt on häät. Meidän häät, rakkaani.

Silti on hahmosi virvatulten,
Valkyyriain valistamaa.
Tuoksusi väliin penkkien
on enkelien aprikoimaa.

Tartu käteeni taikahapsi.
Olen revontulten velho viekas.
Yksi sana hääväelle
Ja ikuisesti kuljen kanssas'.

Piiloitseni varkain
alttarilla kikattaa.
Ja mielinouteeni lailla kuumeen
itkuun purskahtaa.

En tunne sitä pelleä,
jota aikani näyttelin.
On vereni jälkeen vuorovetten
voima mahtavin.

PUUHEVONEN

"Ehkä joskus vielä kohdataan.
Vaikka tietäisin heidän kaiken vieneen,
niin sinua eivät milloinkaan."

Muistan viljojen turvatuoksun
ja uuninlaidan kotoisen,
kun pelko aloitti kujanjuoksun.
Se hyökkäs hirsien väleistä kirkuen.

"Tuolta on tuleva vieras voima,
joka veljemme verestä valveen saa.
Joki on valuva karvaan viestin,
milloin pihoja myrsky varjostaa."

Näin kyynelsi isäni vahvat lauseet.
"Sille niittymme kauniit lakoaa".
Minä istuin polvelle kaskenkaivajan
ja vierehen pyysin nukkumaan.

Minä piilotin parhaan toverin.
Puuhevosen törmäni turvaan vein.
Hautasin armaan orini.
Polleni uljas – vartija rannallein.

Isä takkaan tuijotti ilmeet itkun
kunnes lämpö sai luomet luopumaan.
"Kohta on lähtö kammarista,
vaikka viima ois miestä ankarampaa".

Sen tahdosta unohtui monet rakkaat,
jotka pyhiksi kotiin ei tulleetkaan.
Se huusi ne kalmasta kammetut virret
 ja käski lankkuviitassa palaamaan.

Otin syliini ystävän ylvään.
"Sulle surujain jälleen selvitän."
Rutistin hetken ratsuani,
jolle isä loi puusta elämän.

Minä piilotin parhaan toverin.
Puuhevosen törmäni turvaan vein.
Hautasin armaan orini.
Polleni uljas – vartija rannallein.

Kerroin kuiskaten kamalat aavistukset:
"jokin kylien takaa tulla voi.
Ehkä on elomme yhteinen
nyt nuorempi kuin aamunkoi."

Olin kuullut siitä huomisesta,
jolloin tielle kaikki joudutaan.
Ja siitä kiltistä miehestä pilven luona,
joka vain voi meitä avittaa.

Paljon huusivat häntä aikuiset,
vaan oli vastaamatta laisinkaan.
Sanat on liian pienet sille,
mikä sydämenlyönnit seisauttaa.

Minä piilotin parhaan toverin.
Puuhevosen törmäni turvaan vein.
Hautasin armaan orini.
Polleni uljas – vartija rannallein.

Vieraiksi totesin tuttavani,
joiden katseetkin rupesivat huutamaan.
Tuli uutinen uhkailunsa todeten:
joku taivaanrannassa kulottaa.

Käsin pienin paijasin toverusta.
"Sinä varman pelastuksen saat."
Hiljaa talutin ratsuni piiloon
salapaikkaan pirtin nurkan taa.

Hellin pientä ystävääni.
"Ehkä joskus vielä kohdataan.
Vaikka tietäisin heidän kaiken vieneen,
niin sinua eivät milloinkaan."

Minä piilotin parhaan toverin.
Puuhevosen törmäni turvaan vein.
Hautasin armaan orini.
Polleni uljas – vartija rannallein.

KUVITTAJA

Ken on kaapannut luonteeni loimet?
Raivo ratsun vain hurjistuu.

Enkä sanomasta kunnolla päässyt,
kun jo ilmeesi aivoni tapas.
Kuin ois maalari vieressäin seissyt
eessään taulunaan maailmain rakas.

Kenen kautta ja vuoksi minkä
luot sä sieluille elätintä?

Ootko läsnä sä edes jossain?
Kysyn, vaikka sun elkees nään.
Omaan mieleeni kourin vierain
päästin sinut mä temmeltämään.

Kerro nimes ja astu esiin!
Nyt vain lennähdät toisten pesiin.

Ken on kaapannut luonteeni loimet?
Raivo ratsun vain hurjistuu.
Varmaan toistenkin mieliksi soinet,
jos vain mielet nuo uhrautuu.

Kyllä tunnistan sinut mä jostain.
Tule rauhassa. Älä tuu kostain!

JOKI EI POIKAANSA
UNOHDA

Olen ollut poissa, vaan tietysti palaan
lähes joka yö, kun rantojasi halaan.

Jaksaa virrata vailla väsymystä.
Elämää aina vain tuottaa kirkas joki.
Kiittää poika, että kasvaa sai luonasi.
Siksi vieläkin puhun, koska kuuntelet toki.

Koski tuntee asukkinsa,
oli ihmisellä kehitys, lama.
Kesäinen, sumuinen, jäässä,
sen sielu aina silti sama.

Sinun armollinen kohinasi lapsuuteen vie.
Synkkään syleilyysi on päättynyt ystävien tie.
Rannaltasi unessani ryytyneenä herään.
Kiitos. Sinä et huutele syyllisten perään.

"Meillä paha kun oli, miksi Jumala nukkui?"
Ken tyyneyttä halusi, jo kohtuun hukkui.
Ja elo on kulku, ei vain seisova meri.
Sillä niin virtaa vesi, niin virtaa veri.

Olen ollut poissa, vaan tietysti palaan
lähes joka yö, kun rantojasi halaan.

KAIVO

"Silmäni kiinni sain, vaan kuunteleen jäin.
Jälleen kaivosta kuiskattiin nimeäin."

Kehdossa mesi, peili janoisella
oli kaivomme vesi, hämärän alla.
Viileyttä hohkasi, heltehen taittoi.
Lääkkeineen apuna olla ain' malttoi.

Kaivomme armas ja sen musta vesi.
Tiesimme: niissä ei pahuutta pesi.
Loitolla pihasta, matkaisen verran,
paikka kuin pohjaton, vastine virran.

Yksi yö syksyinen, usvaiset pellot.
Taas pysähtyi luonto, pysähtyi kellot.
Ja levolle jokainen puuhistaan
pääs' armosta yön taas asettumaan.

Silmäni kiinni sain, vaan kuunteleen jäin.
Jälleen kaivosta kuiskattiin nimeäin.

Ennen en varma mä äänestä ollut.
Vaan nyt kuin ihmisen huulilta tullut
oli viesti tuo tuulenhenkäyksen.
Ja mistä se kuului? Heti tiesin mä sen.

Toisti ääni lapsen aikuisin sanoin.
syntini, joita jo anteeks' kai anoin.
Mutta kivitornin sisään, nieluun maan
joku kutsui mut tekoni sovittamaan.

Taivaan kajastus kolkkona seuranain
minä veden luo kävelin, kävelin vain.
ja oli myöhäistä pyytää anteeksi.
Petas' pohjansa kaivo mun sijaksi.

Niin kuin unessa olin, vaan edessäin
jälleen kaivosta kuiskattiin nimeäin.

Luonnon sielu oli yöstä kuin sekaisin.
Ilman valoa häipyivät varjotkin.
Haurain mielin nyt täyttyisi tehtävä.
Eikä hauraampaa ole kuin elämä.

Puistin järkeni sanat pois viereltäin,
koska kaivosta kuiskattiin nimeäin.

RAKKAALLENI

Ja ennen kuin lisää mua satutat,
näet lautturin kylmät satamat.

Paljon rakkaudesta sanotaan.
Mutta kellä se on? Ja kun anotaan,
ensin viljellään kehuja sille.
Sitten keppiä kerjääjille.

Muistanko oikein, että meidän piti alkaa
kulkea polkua tuntematonta yhtä jalkaa?
Sitten tajusit miten miehen saa
helposti sydänverensä tuhlaamaan.

Etkö muista kuinka paljon,
katsettasi vaadin lailla aljon?
Jos jotakin sattuisi tippumaan,
edes murunen vatsaani kurnivaan.

Minä valvoin, halpa kehosi nukkui.
Silloin, silloin ihminen jonnekin hukkui.
"Vietkö mukanasi surun ja kivun?
Vasta sittenkö maailmani on minun."

Ja ennen kuin lisää mua satutat,
näet lautturin kylmät satamat.
Tästä kanssain oot yhtä mieltä:
kukaan palannut ei ole sieltä.

Tulee uni päälle kotomaan.
Jälleen kaksin käymme nukkumaan.
Saadaan arki näin selätetyksi.
Meistä aamulla herää vain yksi.

Loppu